AF395306

L i 11.
14.

HISTORIQUE

DE

LA HUITIÈME DES NOUVELLES

MERVEILLES DU MONDE,

OU

PLUS DE MANCHES A GIGOT!!!

Etrennes dédiées aux Dames,

Par le Philogyne

DE LA CHAUSSÉE-D'ANTIN.

« La recréation d'un homme laborieux
» ne consiste que dans le changement de travail. »

Chacun saute et s'amuse à sa manière
VOLTAIRE.

PARIS,

CHEZ LES PRINCIPAUX LIBRAIRES.

—

1828.

AVANT-PROPOS.

De siècle en siècle, vers les quatre parties du monde; sous le chaume comme dans les palais de nos aïeux, on s'est entretenu des murs et des jardins de Babylone; du phare d'Alexandrie; du tombeau de Mausole, roi de Carie, dans l'Asie-Mineure; du colosse de Rhodes; du temple de Diane; du labyrinthe de l'île de Crète; et des pyramides d'Égypte! Depuis l'époque où ces antiques chefs-d'œuvre furent relégués dans le sac aux oublis, plusieurs générations se succédèrent, mais aucun objet curieux ne captiva l'attention générale; conséquemment les sept merveilles des anciens ne furent point remplacés. Il était écrit, non dans l'almanach de l'un de nos célèbres astrologues, mais bien sur le grand livre des destins, qu'il apparaîtrait, vers le commencement de 1827, de nouvelles merveilles plus extraordinaires encore que les précédentes, et que leur triomphe, par la voix de la renommée, s'étendrait sur toutes la surface du globe. En effet, l'année dernière, en Europe, en Asie, en Afrique, et en Amérique,

il n'a été question que de la girafe, des six osages,
et des manches à gigot.

Une foule de monographies plus ou moins
scientifiques, ont successivement paru, mais seu-
lement sur la gigantesque herbivore, et sur les
hétéroclites omnivores. Essayons de réparer cette
impardonnable omission, en disant un mot sur la
huitième des nouvelles merveilles du monde, qui
n'est certainement pas, suivant l'opinion générale, la moins extraordinaire.

HISTORIQUE

DE

LA HUITIÈME DES NOUVELLES

MERVEILLES DU MONDE,

OU

PLUS DE MANCHES A GIGOT !!!

LES manches à gigot, filles du caprice et de la frivolité, naquirent dans le grand domaine de l'inconstance, vers la fin de l'année 1823. Leur forme est celle d'une pyramide irrégulière, dont la base est située en haut et le sommet en bas : pour plus de précision, représentez-vous les extrémités postérieures du plus dodu de nos mérinos. Confectionnées de tissus indigènes et exotiques, de couleurs différentes, elles recouvrent symétriquement les membres thoraciques et les parties supérieures et latérales de la poitrine. On leur attribue, en général, l'inconvénient de donner à nos élégantes, douées d'une stature élevée, des formes qui se rapprochent infiniment des contours et des saillies peu gracieuses que nous offre le robuste César, affublé du cotillon, dans les *Rendez-vous Bourgeois* travestis ; et, à nos imitatrices, d'une taille beaucoup moins avantageuse, une similitude parfaite avec les pygmées que, naguère, au boulevart du Temple, les flaneurs curieux, toujours avides des irrégularités de la nature, s'empressaient d'aller admirer. Le système des compensations n'étant jamais en défaut, en revanche elles sont employées avec un succès remarquable dans les maisons de santé et les établissemens orthopédiques. Enfin, secondant avantageusement les phénomènes éphémères de l'usage de l'eau de Jouvence et du rouge végétal, elles procurent à maintes coquettes le bonheur de jouir des doux prestiges de l'imagination, et de la flatteuse espérance de pouvoir dérober à quelques uns de nos innocens provinciaux, les coups irréparables de la faux cruelle.

La huitième des nouvelles merveilles du monde ne fait pas moins fureur dans la province que dans la capitale, et sous le toît modeste de nos sémillantes grisettes, que sous les lambris dorés de nos graves dames de condition. L'espèce humaine, tenant généralement un peu de la nature du singe, l'on remarque encore parmi les nouvelles débarquées d'outre-mer, des prosélytes aussi amateurs des manches à gigots, que les milords lé sont de leurs succulens rosbifs. Dernièrement, aux Tuileries, deux amies d'enfance, Miss Etique et Lady Phthisique, toutes deux des plus zélées partisentes de l'innovation du jour, se sont attiré les complimens ordinaires de nos intéressans fashionnables, qui, le monocle sans cesse dirigé

vers l'axe visuel, trouvent tout dans la nature,
charmant !.... divin !... adorable !... Depuis ce jour
de triomphe, chaque soir, imitant les débiles
victimes de nos docteurs systématiques, elles
redisent, en récapitulant le nombre de leurs succès : O manches à gigot !!! merveilles des merveilles !!! que je vous remercie !!!

Les héros illustres de M. le baron de l'Empésé
n'ont pas tardé à recouvrer la raison que l'empire
du goût du jour avait fait un instant égarer. Nous
ne doutons nullement qu'ils auront toujours pré-
sent à leur souvenir ce conseil dicté par un érudit
observateur de nos mœurs :

> « La mode est un tyran dont rien ne nous délivre,
> A son bizarre goût il faut s'accommoder ;
> Et sous ses folles lois étant forcé de vivre,
> Le sage n'est jamais le premier à les suivre,
> Ni le dernier à les gar de.

Depuis long-temps, en effet, aucun habitué des
classiques Tuileries, du musqué boulevart de
Gand, et même du docte Luxembourg, n'est
porteur de manches à gigot. Si ça est là, on aper-
çoit encore quelques romantiques à larges épaules ;
ce sont en général presque tous surnuméraires
aspirant au boudoir.

Quelques anodins sarcasmes ; plusieurs légers
coups de lancette adroitement dirigés sur les
manches à gigot, ont parfois paru dans quelques-
uns de nos spirituels feuilletons ; mais, aucun

écrit complet sur cet intéressant sujet, n'a enrichi notre littérature. Nos jeunes Raphaëls, en cela, n'ont point imité nos philosophes ; leurs pinceaux énergiques laissent, sur la huitième des nouvelles merveilles du monde, des souvenirs ineffaçables. Les amateurs de scènes aussi naturelles que plaisantes, pourront aller visiter tous les jours, le dimanche excepté, depuis huit heures du matin jusqu'à onze heures du soir, la galerie extérieure du musée Martinet, rue du Coq-Saint-Honoré.

L'atelier où se confectionne le plus de manches à gigot est, sans contre-dit, celui de la famée Mme Glouton, maîtresse couturière, avantageusement connue pour la décence de la coupe, et la solidité des contours. Se servant aussi adroitement du crayon que de l'aiguille et des ciseaux, Mme Glouton, dans l'intention de rivaliser avec la nature, croque tous les jours une douzaine des plus beaux moutons qui entrent dans la capitale. Les néophytes du bon ton ne peuvent se dispenser d'aller jeter un coup d'œil sur les costumes et les album de cette artiste distinguée.

Une mode, a dit La Bruyère, a à peine détruit une autre mode, qu'elle est abolie par une plus nouvelle, qui doit céder à une suivante, qui ne sera pas la dernière. De nos jours, grâces au goût décidé de nos belles, pour tout ce qui tient du bizarre, la huitième des nouvelles merveilles du monde a déjà vu s'écouler près de cinq hivers.

L'histoire rapporte que des manches à gigot

furent aussi portées par nos paisibles ancètres, mais sous dés dénominations différentes et des formes moins exagérées. En effet, si l'on ouvre les volumes représentant les costumes qui ont existés sous l'ancienne monarchie, on voit, revétues de cet accoutrement, Elisabeth d'Autriche, reine de France ; les dames de la cour, ainsi que la haute et la petite bourgeoisie, sous le règne de Henry III ; Marguerite de France, duchesse de Vallois, femme de Henry IV ; les filles d'honneur de l'infante d'Espagne, sous le règne de Louis XIII ; enfin, sous le règne de Louis XIV, Mme de Maintenon, Mme Deshoulières et Ninon de l'Enclos.

Ici devrait se terminer l'historique de la huitième des nouvelles merveilles du monde ; mais, sans cesse guidé par une louable philogynie *, essayons encore, dans l'intérêt d'un sexe pour lequel la nature a tant été prodigue, de lui rendre tous ses trésors, en levant le voile de l'erreur sous lequel, depuis trop long-temps, les charmes et les grâces sont ensevelis.

Conserver, embellir ou modifier les formes plus ou moins régulières de nos élégantes, voici, philosophiquement parlant, en quoi devrait consister l'art des couturières. Quand donc, petits génies,

---

* Philogynie, substantif féminin ; mot proposé aux hellénistes, comme étant plus convenable, dans maintes circonstances, que celui de Philantropie. Le mot Philogynie, composé de syllabes euphoniques, est exact ; je l'ai formé de deux mots grecs, de φίλος et de γυνή, l'ami, le protecteur de la femme.

cesserez-vous d'enfanter vos costumes grotesques ? et vous, frivoles incorrigibles, de les adopter sans réflexion ? La mode a prononcé ! C'est en vain, dites-vous, que la voix de la raison chercherait à se faire entendre ! innocentes profanes !!! Ce sont là les irrésistibles argumens que vous nous opposez sans cesse. Mais, qu'est-ce donc que la mode ? Mille fois cette simple demande vous a été adressée, jamais vous n'y avez répondu d'une manière satisfaisante. Ce terme, d'après l'Encyclopédie, est pris généralement pour toute invention, tous usages introduits dans la société par la fantaisie du genre humain ; il s'étend aussi distributivement à certains ornemens, certains colifichets, dont on enjolive les habits et les personnes de l'un et de l'autre sexe. D'après cette définition, il vous est permis de dire : la mode est de porter des robes en mousseline, en cachemire, ou en foulard des Indes ; courtes ou longues ; blanches, vertes ou noires ; simples ou garnies de falbalas ; parsemées de mouches à miel, de roses, de papillons, ou autres gentillesses semblables. Si un animal monstrueux vient éclipser la déesse favorite du jardin des plantes, il vous est encore permis de la faire passer de son étable, sur vos bonnets ou vos chapeaux ; sur vos schals ou vos écharpes ; à vos ceintures ou à vos pieds ; c'est-à-dire, d'en donner le nom à tous vos ajustemens, ou de l'y représenter ; mais, dans aucune circonstance, vous ne pouvez admettre que la mode soit d'avoir une conformation vicieuse. Non! non! encore une fois non! l'art ne peut briller au détriment de la beauté physique.

O vous qui, malgré les rapides progrès des lumières, ne voulez point partager notre enthousiasme en vous remémorant les proportions si séduisantes de la Diane antique, de la statue de Pygmalion, de la Vénus de Médicis! Vous qui, d'après votre raisonnement, éprouveriez plutôt un sentiment d'admiration en voyant la Vénus Hottentote! Allez visiter nos ateliers, nos salons; là, consultez nos statuaires, nos peintres anatomistes; tous, le compas en main, vous démontreront que nous avons sur la beauté des idées invariables, et que, ni leurs ciseaux, ni leurs pinceaux, ne peuvent s'écarter du beau idéal, sans donner naissance à des êtres informes et hideux. Si Vénus se fût présentée devant Pâris, avec la tête grosse comme le poing; les épaules d'une triple dimension; les bras tors, et deux fois plus volumineux que la taille; une telle monstruosité, certes, n'eut point charmé le scrutateur berger; conséquemment, Pallas ou Junon, eut obtenu la pomme.

Non-seulement certaines dames, dont le beau titre de mère, le plus souvent n'existe que sous des apparences purement physiques, veulent vivre sous la dépendance de leur mode barbare, mais elles y assujettissent encore jusqu'aux plus jeunes de leurs jolies créatures. Si, au lieu d'employer les heures qu'elles passent habituellement devant leur psyché, dans des entretiens le plus souvent inutiles, au spectacle ou au bal, elles se pénétraient des principes philosophiques de J.-J. Rousseau, ou de l'excellent traité d'éducation de Mme Campan, elles cesseraient, en se présentant dans nos assemblées, de faire naître l'hilarité générale, et l'on discontinuerait de leur appliquer ces épithètes moins que plaisantes, lesquelles, jadis, furent données à un mauvais peintre qui avait mis aux grâces des bracelets et des guirlandes de fleurs.

Déjà, de toutes parts, il me semble entendre nos dissimulés romantiques s'écrier avec ironie : l'ami, le protecteur des dames, n'est guère animé d'un esprit phylogynique.

« Plus on aime quelqu'un, moins il faut qu'on le flatte. »

Molière a dit encore dans son Misantrope :

Je veux que l'on soit homme, et qu'en toute rencontre,
Le fond de notre cœur dans nos discours se montre ;
Que ce soit lui qui parle, et que nos sentimens,
Ne se marquent jamais sous de vains complimens.

Toutes ces bigarrures, toutes ces irrégularités, qui donnent véritablement à nos réunions un air de carnaval, nous conduisent encore à dire que le goût, bien plus que la mode, devrait diriger dans le choix des costumes : c'est pourtant un des points sur lesquels les petites maîtresses du bon ton se laissent constamment tromper. Pour mieux prouver cette vérité, aidons-nous de l'une des observations de notre philosophe M. de Jouy.

Dans un instant où, mettant en pratique un étrange paradoxe, on prétendait s'habiller sans se vêtir, de pauvres créatures sèches et maigres, étaient si chétivement couvertes, qu'on frissonnait en les regardant : elles étalaient aux regards, des omoplates saillantes prêtes à percer la peau. C'étaient des squelettes ambulans, sur lesquels un descendant d'Esculape aurait pu faire un cours d'ostéologie. Aujourd'hui, il faut un surcroît d'embonpoint à toutes nos élégantes. En vain, de vive voix, avons-nous cherché à faire concevoir à plusieurs d'entre-elles que, si les attirails de leur supercherie conviennent à quelques êtres disgraciés de la nature, ou à quelques échappées d'hôpitaux, ces prétendus ornemens ne peuvent que défigurer la beauté, et rendre ridicules celles qui ont en partage une conformation bien proportionnée. En ma qualité de philogyne, plutôt qu'en celle de satirique, croyez-moi, renoncez à vos métamorphoses ridicules :

> « Le Ciel, de trop d'attraits,
> En naissant vous a décorées
> Pour que de tels atours méritent vos regrets ;
> Sous un simple ornement vous êtes mieux parées. »

Il nous serait facile d'opposer encore à nos aimables antagonistes, une foule d'autres argumens aussi palpables que les précédents ; mais, persuadés que nous n'aurons plus à redouter cette réponse bannale : c'est la mode! ou bien encore sans plus de prolixité, cette conséquence absurde : c'est le genre! les limites descriptives de la huitième des merveilles du monde, ne s'étendront plus davantage.

Castigat Ridendo Mores : ja'i rempli ma tâche. Maintenant, pour que nos savans satiriques, en me lisant, s'écrient à l'unanimité : *Finis coronat opus!!!* Je termine en proclamant que, sous peu, les manches à gigot ne figureront plus qu'à la cuisine.

Le Philogyne de la Chaussée d'Antin.

PARIS, IMPRIMERIE DE DAVID,
BOULEVART POISSONNIÈRE, N. 6.

9 782019 225292